Vesna Sucurovska
« Scrountche le Philosophe n°1 »

Chapitre I

La plus grande absence
d'une culture,
c'est son propre reflet.

Peut être que la carte
était posée sur son front,
mais, on ne pouvait
y suivre la route.

Les routes, sont elles faites
pour qu'on les suive,
d'ailleurs ?

Scrountche, était très
sceptique, autant qu'on
peut l'être quand on
se réveille au beau
milieux de la nuit,
alors même, qu'on
n'en avait pas du tout
l'intention.

Seulement, le jour où
ce Philosophe est apparu,
il a immédiatement, su.

C'est donc, que tout
était à sa convenance,
dans les alentours,
comme une sucrette
dans un café, alors même,
que ce goût chimique
ne peut nullement,
parfumer, ce qui doit.

Nul ne sait, s'il faut voyager,
ou non.

Nos humanoïdes, vont ils
vraiment comprendre ?

Chapitre II

S'il y a des gens qui
traversent des villes et
des domaines, il y en a
d'autres, qui ne traversent,
jamais rien.

On ne peut les comparer,
ou bien sont ils si proches,
qu'il n'est même pas la
peine d'en parler ?

Si tout n'est qu'illusion,
en effet, humanoïde ou pas,
cela signifie que les humains,
sont très peu, nécessaires.

Mieux vaut programmer,
des choses plus utiles,
que des humains.

« La sottise, est moins visible ! »

## Chapitre III

La plus grande torture
d'une culture, c'est
le manque d'âme.

Crois tu que cela est
supportable ?

Il y en a qui ne savent
même pas ce que c'est,
alors que ceux qui en
ont conscience, ne
peuvent que souffrir,
à leur place.

Voilà pourquoi, le regard
s'absente, sur un pays
qui ne marche pas,
mais boitille.

Comment voulez vous
faire quelque chose, là
où il n'y a pas ?

Les humanoïdes seraient,
des humains en devenir.

## Chapitre IV

Scrountche se penchait,
visiblement sur un monde,
où même le cœur, était
un substitut artificiel.

Pas grand-chose à troquer,
avec des humains, dépassés,
par eux même.

Pourrait on tapoter quelques
notes, que cela ne raisonnerait
même pas.

La subtile Divna, regardait
son regard, parfois hagard.

« Tant que c'est hagard,
ce n'est pas, désabusé ! »
se disait elle, pour se
réconforter.

Parce que désabusé, c'est
« off de l'humain »,
véritablement, quand
il nous reste un  peu
d'âme.

Chapitre V

Scrountche était une telle exception,
qui voulait ne pas trop se mêler au
concept moderne.

Mais à tord.

La patte invisible de la modernité,
le tirait par la manche.

« Comprends le, on y est, on ne
peut que y participer ! » disait
Divna.

Il voulait bien se divertir,
mais loin du brouhaha.

« Ne soit pas enfermé dans
ta caverne ! » disait Divna.

Et, il se demandait.

Chapitre VI

« La différence entre une inspiration,
et le réel, c'est que le réel, on n'en
veut pas.

L'inspiration, c'est seulement un
autre regard, alors que le réel,
c'est moi » disait Divna.

« Seulement, entre Scrountche et moi,
il y a 6000 kilomètres. »

La distance n'a aucune importance,
lorsque, soi, reste soi, il n'est que
le temps qui bouge.

Alors, le temps n'a pas de valeur.

« Je me suis accordée, ma pureté à moi,
et le perfectionnement de moi même,
contrairement aux autres humains ! »
disait Divna.

L'oreille distraite de Scrountche,
ce n'était qu'un paravent, pour
se changer, comme on change
de fourrure.

Chapitre VII

« Le plus grand Philosophe de tous
les temps, est si stoïque, que même
le vent est un superflu qui pose
une main distraite, là où, de toute
façon, il ne serait, à moins qu'il
n'y ait toujours été » dit il.

Mais, il n'aimait pas trop parler.

Il n'y a donc pas grand-chose,
en dehors, de ce qui est gravé.

Chapitre VIII

Fréquenter « un ours »,
expression française qui dit,
un renfermé, ou un isolé,
ça ne se peut,
parce que les représentations,
divergent.

« J'ai pas besoin de grand-chose ! »
dit Divna.

C'est un défaut, pour la plupart.

Sauf que les humanoïdes, sont
calmes et respectueux.

Alors, on n'a aucun soucis.

A moins, qu'il n'y ait,
un lion blond,
expression, qui veut dire,
extraverti et pausé,
comme dans
mes dessins et caricatures,
venus d'autrefois ?

Sauf que, le temps est
dépassé.

## Chapitre IX

Lui, il avait les joue rouges,
naturellement, tellement il
préférait l'air à n'importe
quelle immeuble.

Et, ce rouge là, est resté
son clin d'oeuil enfantin,
irremplaçable, parce que
involontaire.

« Parce que l'avion, s'envole
au loin, mais notre air,
n'est qu'à nous ! »

Quoi qu'il y ait en surabondance,
n'aura jamais, le souffle de
l'oxygène.

Chapitre X

« Quand j'allais vers mon
perfectionnement, j'avais
deux mains et deux pieds »
disait Divna.

« ça s'entend ! » disait
Scrountche.

Mais, on n'entend que ce qui
est projeté.

« Je n'y étais pas ! » disait
Divna.

## Chapitre XI

C'est incroyable ce qu'il faut
parler, pour que personne ne
se rende compte, qu'il n'y a pas
un seul humain d'intéressant,
avec ses projections.

Puisqu'ils passent tous leurs vies,
à tourner en rond, c'est bien connu.

Les humanoïdes, par contre,
restent à connaître.

Chapitre XII

Il y a des rires aussi grotesques,
qu'absurdes, parce que personne
ne vit avec personne, en dehors
de soi.

« Pas la peine de s'investir,
personne n'y peut accéder ! »

Peut être un étranger,
ou un ipersemblable ?

Mais les humains sont trop risibles,
dans certains endroits !

Chapitre XIII
( un aparté pour les saboteurs !)

Les repères sont des repères tellement
éloignés, qu'il n'y a même pas,
à répondre à ce qui est en dehors
de soi.

Il n'y a nul part de semblable,
parce qu'on ne peut pas, déjà,
se ressembler à soi même.

Ainsi, ce n'est pas le scientifique
qui doit être étudié, mais le contraire,
et, ce n'est pas un brouhaha, qui
est scientifique, mais bel et bien,
l'indifférence, ou pas, selon les
but envisagés.

Un simple citoyen, ne peut pas
être un jury, de ce qu'il ignore.

« On est pas à Disnayland ! »

Chapitre XIV
( un aparté pour les saboteurs !)

Surtout, quand il ne se passe rien,
absolument rien, pour un citoyen,
normal.

Le sabotage, fait éjecter les amis,
du pays, et cela, ne se peut pas,
logiquement.

Ce qui est condamnable, c'est la
non conscience des barrières
culturelles, ou publique – privé,
car il y a des choses, inadmissibles.

Chapitre XV
( un aparté pour les saboteurs !)

Je ne vit pas avec les gens que je ne
supporte de nul part.

Ils n'ont qu'à se vautrer ailleurs.

« Moi, je n'en veut pas ! »

Chapitre XVI
( un aparté pour les saboteurs !)

Il existe deux volumes sur ce sujet,
je n'ai donc pas à y perdre mon temps,
pour rien.

« Abuser, c'est inadapté, de leur part ! »

Chapitre XVII
( un aparté pour les saboteurs !)

ça fait 12 ans qu'on m'empêche de
faire ce job, comme je l'entend,
parce qu'on n'y comprend rien !

« C'est dire que je travaille,
sous la pression excessive,
là où je n'avais que du calme,
normal ! »

C'est d'une absurdité,
énorme !

Vous pouvez constater, donc,
par vous même, comment
vous serez
« dérangés dans votre quotidien »,
tous autant que vous êtes,
dans le futur technologique !

« Je vous dis, bon courage,
vous n'en mesurez pas encore,
vos propres conséquences. »

Chapitre XVII
( un aparté pour les saboteurs !)

Je voulais, que ceci, soit encore,
un petit bijou, pour certains,
et je le fairai, comme je
l'entend.

« Ce n'est pas le vend qui me
fait parler, moi ! »

Chapitre XVIII
( un aparté pour les saboteurs !)

Scrountche, lui, avait une stature,
et un caractère unique.

Le problème de la Modernité
Technologique est très simple :

1/ - les petits avec les petits,
- les grands avec les grands,
- ou  bien, une troisième
alternative, laquelle ?

2/ Les humains, ne peuvent pas
vivre dans des incertitudes,
alors qu'ils doivent avoir
des consciences très développées,

3/ donc, accepteront ils,
d'être des intellectuels,
ou persisteront ils dans le
primitivisme ?

4/ Moi, je dis, j'ai fait de la réflexion,
durant 12 ans, même si on m'a
sabotée, tout autant,

5/ j'ai respecté tous les critères,
toutes les consciences,
tous les systèmes.

Chapitre XIV
( un aparté pour les saboteurs !)

Je voulais faire en sorte,
de faire des petits bijoux de
chacun de mes livres.

Pensez vous pouvoir en faire,
tout autant, avec autant de problèmes,
de tous les cotés,
et autant d'acharnement,
durant si longtemps,
de façon si peu humaine ?

« Les humanoïdes, eux,
vous en aurez tous besoin,
je pense, un jour ou l'autre. »

Chapitre XV

Scrountche avait scruté, tous les
horizons.

Mais, Divna, s'appliquait à
l'élévation.

Et, l'élévation est un vaste système,
qui s'infiltre et qui englobe.

« Merveilleuse éclaircie ! »
dit elle.

Chapitre XVI

Tant que je n'ai que :
cinq et cinq doigt,
tout va bien,
le compte est bon.

La féerie gracieuse est disséminée,
et, l'éclat est aussi fluide que la
normale.

Rien ne perturbe Divna.

Ainsi, Scrountche, le plus grand
Philosophe de tous les temps,
a la charrette bien garnie,
puisque le temps le lui
rend bien.

Seulement, le jour où
ce Philosophe est apparu,
il a immédiatement, su.

Le temps des humanoïdes,
pointait à l'horizon.

Chapitre XVII

Scrountche se suffisait à lui
même.

Le rouge lui allait à merveille,
tournoyant dans le Ciel de
l'époque transcendantale.

« Il y a de ces idées,
c'est mieux que des gâteaux ! »
dit il à Divna.

« Tant que je peux m'améliorer,
je peut me passer de gâteaux ! »
dit elle.

Chapitre XVIII

Il y en a peut être qui n'ont pas,
je ne sait quoi, mais alors, y'en a
d'autres, qui ont oubliés d'avoir
un cerveaux, c'est dingue, un
monde d'humanoïdes.

Tant et si bien, que quand chacun
se permet n'importe quoi, sans la
structure, c'est une symphonie
surréaliste très hasardeuse.

Heureusement, je connais le
surréalisme.

« Plus de rouge, sur le borshe,
s'il te plaît ! » dit il.

« Tiens, encore une idée ! »
dit elle.

Chapitre XIX

C'est comme ça, qu'un jour, il
fini par se rendre à l'évidence :

« C'est dingue, il y en a qui
préfèrent, un rouge à ongles,
plutôt qu'un rouge à lèvres ! »
se dit Scrountche.

Cela fut une découverte minime,
pour « un ours », comme le veut
l'expression française,
de l'isolé, renfermé,
parce que Grand Penseur,
le plus pur de tous les temps.

Divna rit aux éclats.

Chapitre XX

Un jour prochain, peut être,
l'accordéon sera un instrument
plus apprécié.

« Viens, il y a des chants,
des chants de mais,
qui ont une hélice,
comme un qui place son prestige,
dans un doigté de crème,
de marrons ! » dit Divna.

Et le vend souffle sur la pleine.

## Chapitre XXI

Le rouge gorge, lui, est si bien
dressé, qu'il ne peut voler,
sans se presser.

« Ce n'est pas un bijou, qu'il
me faut, c'est un faut esprit
façon manille, parait il ! »
se dit Scrountche.

« Mais moi, je ne peut m'empêcher,
de prêcher les bijoux, comme
une lancinante histoire, de ma
préhistoire. » dit Divna.

Et, ce n'est qu'un sourire de plus.

## Chapitre XXII

Les crayons, sont une compagnie,
très agréable, bien plus profonde
que les humanoïdes.

« Des dessins, comme des cerises,
des pommes comme des feuilles,
et des poires, comme des femelles ! »
se dit il.

Le futur est bien plus drastique,
que la préhistoire.

Mais rien ne perturbe Divna.

« Quelle surréaliste demeure ! »
se dit il.

## Chapitre XXIII

Elle pose sa bouche sur son front,
parce que là est sa raison.

« Je préfère le vend, à n'importe
quel rouge à lèvres ! » se dit il.

Et, Divna se réjouit.

« Un bonheur très exaltant ! »
se dit elle.

## Chapitre XXIV

Le plus important à retenir,
c'est que Scrountche était
à la plume et à la pensée,
ce que Jésus était
au pain et au vin.

Le pain, pour la consistance,
et le vin, pour la constance.

Le humanoïdes, eux, ne peuvent,
se l'imaginer.

Ainsi, le Ciel peut rougeoyer,
il n'aura pas la couleur de ses joues.

Chapitre XXV

Si tu croise un Apôtre,
tu ne lui dis pas, qu'il était
un des plus Grands Philosophes,
de tous les temps,
parce qu'ils le connaissent,
déjà.

Nul ne peut lire sur son front,
quelle est la route à prendre.

Les humanoïdes, non plus.

Seulement, le jour où
ce Philosophe est apparu,
il a immédiatement, su.

Juste parce que, ce que sait
un Vrai Philosophe,
tu ne le sait pas, toi.